집으로 가득 찬 책

글 율리 더 흐라프

네덜란드 네이메헌에 살아요. 국제 공법을 공부한 변호사로, 아름답고 흥미로운 사실을 이야기하는 걸 좋아해요. 어린이에게 어른에 대해 알려주는 『큰 사람들에 대한 책』을 썼어요. 이 책에서는 오래된 전통부터 혁신적인 시도까지 건축과 건축가 이야기를 재미있게 들려줍니다.

그림 피터르 판 에이노허

인간과 건축의 역사를 탐구하는 화가입니다. 미국 일러스트레이터협회에서 수여하는 금메달을 받았고, 권위있는 광고 잡지인 「루어저 아카이브」가 뽑은 200명의 일러스트레이터 중 한 명으로 선정되었어요.

옮김 신동경

서울대학교 독어교육과를 졸업하고 한신대학교 신학대학원에서 공부했어요. 지금은 과학책을 읽으며 느낀 즐거움과 감동을 어린이들에게 전하는 글을 쓰며 지내지요. 옮긴 책으로는 『백신은 똑똑해』, 『유전자는 왜 그럴까?』, 『나는 오늘도 파리를 관찰합니다』, 『어린이 의학도를 위한 놀라운 의학사』 등이 있어요.

집으로 가득 찬 책

2024년 8월 26일 초판 1쇄 인쇄
2024년 9월 20일 초판 1쇄 발행

글쓴이	율리 더 흐라프
그린이	피터르 판 에이노허
옮긴이	신동경
펴낸이	김상미, 이재민
편집	이지완
디자인	나비
펴낸곳	㈜너머_너머학교
주소	서울시 서대문구 증가로20길 3-12 1층
전화	02)336-5131, 335-3366, 팩스 02)335-5848
등록번호	제313-2009-234호
ISBN	979-11-92894-58-4 77400
	978-89-94407-89-0 77400(세트)

Original title: Een boek vol huizen
Texts by Julie de Graaf
Illustrations by Pieter Van Eenoge

Copyright © 2023 by Lannoo Publishers., www.lannoo.com

All rights reserved.
Korean translation copyright © 2024 by Nermerschool, Seoul
Korean translation rights arranged with Lannoo through Orange Agency.

너머북스와 너머학교는 좋은 서가와 학교를 꿈꾸는 출판사입니다.

집으로 가득 찬 책

율리 더 흐라프 글 | 피터르 판 에이노허 그림 | 신동경 옮김

너머학교

구하기 쉬운 재료로

자연 재료로 지은 집

집을 짓는 방법 가운데 가장 오래되고 가장 합리적인 방식이 무엇일까요? 가까이에서 구할 수 있는 재료로 집을 짓는 거지요. 캐나다 북쪽 지역과 그린란드의 선주민인 이누이트 사람들한테는 눈이 바로 그런 재료였어요. 그들은 눈을 단단하게 뭉쳐 벽돌 모양으로 자른 다음, 차례차례 쌓아 올려 아주 튼튼한 돔 모양 집을 지어요. 그게 바로 '이글루'예요. 이글루 안은 꽤 따뜻해요.

눈이 훌륭한 단열재이기 때문이지요. 이글루 안에서 불을 피울 수도 있어요! 그러면 안쪽 눈이 약간 녹았다가 금방 다시 얼면서 이글루가 더 튼튼해진답니다.

이글루

미국 건축가 **리처드 벅민스터 풀러**가 또 다른 돔 형태 건축물을 널리 알렸어요. 그는 1953년에 처음으로 자신의 '지오데식 돔'을 설계했어요. (지오데식 돔이란 삼각형의 면과 모서리를 이어 만든 구 모양의 구조물로 지지대를 세우지 않아도 스스로 지탱해요.) 풀러의 첫 번째 '돔 홈'(풀러가 자신의 설계에 붙인 이름이에요.)은 나무 삼각형 60개로 지었어요.

참, 풀러가 직접 지은 건 아니에요. 자기가 가르치던 대학교 학생들에게 조립을 맡겼지요. 지오데식 돔은 균형을 가장 중요하게 여긴다는 점에서 특별해요. 가벼운 재료를 사용해 누구나 쉽게 조립할 수 있고, 그러면서도 아주 튼튼한 구조물을 지을 수 있지요. 풀러는 벌집과 다른 자연 구조물을 몇 년 동안 연구한 끝에 이런 설계를 완성했어요.

지오데식 돔

메종 드 베르 유리의 집

유리로 지은 집

'메종 드 베르'(유리의 집)는 프랑스 파리의 심장부에 있는 집으로 외부는 거의 유리로 되어 있어요. 100년쯤 전에 건축가 **베르나르트 베이부트**와 **피에르 샤로**가 함께 설계했어요. 특수한 유리블록을 사용했기 때문에 유리 벽이어도 집 안이 밖에서 보이지는 않지만, 빛은 쏟아져 들어와요. 이 집을 지을 때 문제가 하나 있었어요. 이 집을 지을 장소에 이미 건물이 한 채 있었는데, 꼭대기 층에 살던 사람들이 떠나려 하지 않았지요. 어떻게 해결했을까요? 꼭대기 층은 남겨 두고 나머지만 헐고 다시 지었어요. 옛 건물의 4층은 지금도 메종 드 베르 꼭대기에 남아 있답니다.

미국 네바다주의 사막 한가운데 있는 리올라이트는 유령도시예요. 지금은 버려졌지만, 1905년에는 이 지역에서 금이 발견되었다는 소문이 돌아 사람들이 몰려들었어요. 이 중에는 **톰 켈리**라는 76세 노인이 있었어요. 켈리는 집을 지으려고 했지만, 건축 재료는 구하기 어려웠고 돈도 없었어요. 켈리는 근처 술집에서 빈 유리병을 수만 개쯤 모아서 벽돌처럼 쌓아 올려 유리병 집을 지었어요. 100년도 더 지났을 무렵, 건축 재료가 귀하고 비싼 나이지리아에서 이 방법이 다시 등장했어요. 옐와 마을 주민들이 빈 플라스틱병에 모래를 채워 집을 짓기 시작한 거예요. 모래를 채운 병으로 세운 벽은 돈이 별로 안 들 뿐만 아니라 매우 튼튼하답니다.

유리병 집

집을 지키기 위한 집

1902년에 건축가 **찰스 레니 매킨토시**와 예술가 **마거릿 맥도널드**가 출판업자인 월터 블래키와 그의 가족을 위한 집을 설계했어요. 스코틀랜드 언덕에 '힐 하우스'라는 아름다운 집이 지어졌지요. 두 사람은 손수 디자인한 가구를 들여놓았고, 내부 장식도 직접 했어요. 등받이가 아주 긴 힐 하우스 의자 (지금도 유명하답니다.)도 매킨토시가 디자인했어요. 이 집은 현대 건축의 걸작이라고 평가받아요. 당시로서는 새롭고 혁신적인 재료를 사용했어요. 거칠고 극적인 효과를 주기 위하여 건물 정면 벽에 포틀랜드 시멘트를 썼지요. 하지만 그 재료가 물에 약하다는 중요한 사실을 놓치고 말았어요. 포틀랜드 시멘트는 비가 잦고 습한 스코틀랜드 날씨를 잘 견디지 못했어요. 100년이 넘도록 비를 맞은 힐 하우스 벽은 심하게 손상되었지요.

힐 하우스

힐 하우스를 보호하기 위해 2019년에 집 위에 또 다른 집을 지었어요. 영국의 **카모디 그로크** 건축사무소가 강철 구조물을 설계했어요. 이 구조물은 3,240만 개의 가느다란 강철 사슬로 만든 벽으로 이루어져 있어요. 벽은 사슬 구조라 공기가 잘 통해요. 이로써 힐 하우스는 주변 풍경 속에 자기 모습을 드러내면서도 비바람으로부터 어느 정도 보호받게 되었어요. 비에 젖은 벽이 천천히 마르는 동안 수리 작업을 계속할 수도 있고요. 이제 힐 하우스는 박물관이 되었어요. 관람객들은 강철 구조물에 설치한 여러 계단을 걸으면서 이 집을 볼 수 있어요. 심지어 지붕 위로도 올라가 볼 수 있답니다.

힐 하우스 박스

판 바센호버 하우스

콘크리트 배? 물 위에 뜬 집!

벨기에의 신트마르턴스라템 지역을 산책하다 보면, 푸른 나무와 졸졸 흐르는 개울 사이로 커다란 콘크리트 건물이 보일 거예요. 이 건물은 건축가 **쥴리앙 람펜스**가 1972년에 설계한 '판 바센호버 하우스'예요. 이런 건축 양식을 '브루탈리즘'이라고 해요. 이 (뻔뻔한) 건물은 주변 환경에 섞여 들지 않고 도드라져 보여요. 콘크리트 같은 거친 재료를 사용하여 지었거든요. 이 집을 보면 언뜻 해적선이 떠오르기도 해요.

네덜란드에는 집처럼 보이는 콘크리트 배들이 있어요. 네덜란드 어디를 가나 선상 주택에 사는 사람들을 만날 수 있지요. 특히 수도인 암스테르담에 많아요. 선상 주택은 물에 뜨는 집을 가리키는데, 지붕에 기와를 올리고 덧창과 굴뚝까지 갖춘 집도 꽤 많아요. 심지어 여러 층으로 이루어진 선상 주택도 있답니다. 찰랑찰랑 벽에 부딪치는 물결만 아니라면, 땅에 지은 집이라고 착각할 수도 있어요. 흥미로운 사실을 알려 줄까요?
선상 주택은 물에 잘 뜨지만, 항해에는 전혀 적합하지 않답니다.

콘크리트 배

쌓기만 하면 집이 된다

스칸디나비아 지역에는 광활한 침엽수림이 있어요. 따라서 이곳에서 통나무집이 처음 만들어졌다는 건 놀랄 일이 아니에요. 이곳 사람들은 수천 년 전부터 곧은 전나무 줄기를 하나씩 쌓는 단순한 방법으로 통나무집을 지었어요. 양쪽 끝에 작은 홈을 파서 통나무끼리 서로 맞물리게 함으로써 집이 튼튼하게 서 있도록 했어요. 못이나 나사가 필요 없는 유용한 방식이지요. 돌로 기초를 쌓고 돌출된 지붕을 얹은 통나무집은 수백 년이 지나도 썩지 않고 버틸 수 있답니다.

통나무집

일본 건축가 **반 시게루**가 종이로 지은 통나무집은
아주 새로워요. 그가 종이 통나무집을 고안한 때는
1995년이에요. 일본 도시 고베에서 큰 지진이 일어나
건물들이 무너지고 수많은 사람들이 집을 잃은 직후였지요.
반 시게루는 단순하고, 비용이 적게 들며, 구하기도,
재활용도 쉬운 재료로 빨리 지을 수 있는 임시 주택을
설계했어요. 그게 바로 종이 통나무집이에요. 모래주머니를
채운 맥주 상자, 두꺼운 종이 튜브, 방수 스펀지 테이프와
텐트용 천으로 만드는 이 집은 이틀이면 지을 수 있었어요.

종이 통나무집

빚고 굽고

지구에서 가장 따뜻한 곳에 사는 사람들은 눈이나 나무가 아니라 햇빛으로 집을 지어요! 6,000년 전에 메소포타미아에 거주했던 사람들은 진흙, 물, 모래에다가 짚이나 똥을 섞은 다음, 블록 모양으로 빚어서 햇빛에 '구웠어요.' 이렇게 만든 걸 흙벽돌 또는 어도비라고 해요. 햇빛에 말린 흙벽돌은 오늘날에도 건축에 이용해요. 세계 인구의 약 30%가 흙벽돌 주택에 사는 것으로 추정된답니다.

흙벽돌의 사촌쯤 되는 게 벽돌이에요. 벽돌도 진흙으로 만들지만, 온도가 높은 가마에서 굽기 때문에 돌처럼 단단하고 잘 닳지도 않아요. 벽돌은 다양한 크기와 모양으로 구워서 여러 가지 방식으로 쌓을 수 있어요. 돌처럼 딱딱하고 모양이 다양한 벽돌은 핀란드 건축가 **후고 알바르 헨리크 알토**가 즐겨 사용했던 건축 재료예요. 1950년대 초, 무라트살로섬의 바위 해변에 별장을 지을 때였어요. 알토는 건축 현장을 거대한 벽돌 실험장으로 삼기로 했지요. 실험 주택이라고 불리는 이 집을 짓는 동안, 알토는 벽돌을 사용하여 50가지가 넘는 건축 양식, 형태와 패턴을 조합해 보았어요. 자기 아이디어를 시험하고 새로운 통찰을 얻기 위해 그런 거랍니다.

흙벽돌 집

벽돌 실험 주택

모양도 가지 가지

높이 올려라

미얀마 중부 지역에 인레호라는 커다란 호수가 있어요. 거기에 인타족이 살고 있지요. 물고기를 잡아서 먹고사는 인타족은 수백 년 전부터 호수에 수상 가옥을 짓고 살았어요. 호수에 기둥을 세우고 그 위에 집을 얹는 방식은 지혜로운 선택이었어요. 미얀마의 열대 기후에서는 물 위에 지은 집이 낮에는 더 시원하고 기온이 내려가는 밤에는 더 따뜻하거든요.

인타족이 사는 이와마 마을에는 도로 대신에 운하가 있고, 물 위에 떠 있는 밭에서 채소를 길러요. 수상 가옥은 대나무로 지어요. 대나무는 튼튼하면서도 가볍고 바람도 잘 통해요. 몇 미터나 되는 기둥도 대나무예요. 오래되면 썩기 때문에 15년마다 갈아 주어야 하지요.

수상 가옥

스위스 건축가 **알베르트 프라이**와 그의 미국인 동료인 **로런스 코커**는 1933년에 땅 위에 기둥을 세우고 그 위에 집을 지었어요. 그들은 싼 재료로 집을 지을 방법을 찾다가 나무로 뼈대를 만들고, 튼튼한 면포를 벽처럼 둘러쳐 주말 주택을 지었지요. (이 집은 사실 텐트와 비슷해요. 아주 고급스럽기는 하지만요.)

그들이 지은 '캔버스 주말 주택'은 당시에는 초현대식이었고, 집의 구조는 놀라울 만큼 편리했어요. 기둥 사이의 땅은 놀이와 주차를 위한 공간이었어요. 기둥 위 공간은 침실로 이용했고, 옥상의 테라스에서 쉬거나 일광욕을 했어요.

캔버스 주말 주택

더 높은 곳에서

캄보디아의 크롱족은 아주 오래전부터 특이한 전통을 따랐어요. 여자아이가 사춘기가 되면, 가족들이 사는 집 옆에 따로 오두막을 지어 줘요. 청소년이 된 여자아이가 혼자서 쓰는 개인 공간이지요. 오두막 주인은 이곳에서 아무 방해도 받지 않고 또래들을 만날 수 있어요. 그중에는 남자 친구도 있지요. 가족들도 간섭하지 않아요. 중요한 사실을 알려 줄까요? 누구를 만나서 어떤 데이트를 할지는 오로지 오두막 주인이 결정한답니다.

전 세계 주요 도시에도 크롱족의 오두막 같은 공간이 있어요. 아파트 건물이나 고층 빌딩 옥상에 있는 초호화판 아파트로, 부자들이 이런 곳에서 데이트하거나 파티를 열지요. 이런 펜트하우스는 1920년 무렵에 뉴욕에서 생겨났어요. 건물 옥상에 별도로 아파트를 지었는데 순식간에 유명해져 북아메리카와 전 세계로 퍼졌지요. 오늘날, '펜트하우스'는 전용 엘리베이터와 널따란 옥상 테라스를 갖춘 최고급 아파트를 가리키는 말로 쓰여요. 펜트하우스를 소유한 사람은 말 그대로 세상 꼭대기에 있는 거지요. 이곳에 초대받은 사람들은 집주인과 함께 아름다운 전망을 마음껏 누릴 수 있답니다.

사춘기 오두막

펜트하우스

벌집 모양, 꽃 모양

집을 어떤 모양으로 짓느냐에 따라서 내부 온도가 달라져요. 그러므로 시리아와 튀르키예, 그리고 두 나라에서 4,000킬로미터나 떨어진 카메룬 사람들이 똑같은 건축 양식으로 집을 짓는 건 놀랄 일이 아니에요. 이 지역 사람들은 수천 년 전부터 진흙을 이용하여 기다란 원뿔 모양으로 집을 지었어요. 이 집들은 거대한 벌집을 닮았는데, 뜨거운 날씨에도 쾌적하고 시원하지요. 뜨겁게 달아오른 공기는 위로 올라가 꼭대기에 뚫린 구멍으로 빠져나간답니다.

훨씬 시원한 프랑스 북부 지역에도 1971년에 모양이 특이한 집이 지어졌어요. 거기에 살았던 가족의 이름을 따서 이 집을 '메종 베를리'라고 불러요. 건축가 **앙리 무에트**와 예술가 **피에르 세케이**가 설계했지요. 두 사람은 자연에서 영감을 받아 이 집이 식물 또는 꽃을 닮도록 설계했어요. 그래서 이 집이 둥글고 휘고 구부러지는 등 온갖 모양으로 지어졌어요. 벽도 직선이 아니에요. 안타깝게도 이 집은 오래도록 비어 있는 채로 방치되었어요. 지난 20년 동안 식물과 이끼가 자라 바깥벽을 뒤덮었지요. 메종 베를리는 천천히 진짜 자연의 일부로 바뀌고 있답니다.

벌집 주택

메종 베를리

벽이 없어도 괜찮아

사모아제도는 태평양 한가운데 있어요. 이곳에서 살아가려면 여러 가지 어려움을 극복해야 해요. 날씨는 뜨겁고 습한 데다가 때때로 사이클론(태풍과 같은 열대성 저기압)이 지나가기 때문이지요. 무더위를 피하고 시속 200킬로미터에 이르는 세찬 바람을 견디려면 어떤 집을 지어야 할까요? 정답은 '팔레'예요. 사모아 말로 집이라는 뜻이지요. 벽이 없는 오두막이랍니다. 갈대나 야자수 잎을 엮어서 지붕을 만든 다음 튼튼한 기둥 위로 올리면 완성돼요.

사모아의 팔레

벽이 없는 것으로 전세계에서 유명한 건축물은 미국에 있는 '글래스 하우스'예요. 건물 외부는 전부 강철과 유리로 이루어져 있지요. (걱정하지 마세요. 욕실과 화장실은 밖에서 보이지 않는 공간 안에 있으니까요.) 이 집은 건축가 **필립 존슨**이 자기 자신을 위해 지었어요. 건물이 드넓은 숲속에 있어서 유리 벽을 통해 멋진 풍경을 볼 수 있죠. 존슨은 그 풍경이 사실은 "아주 비싼 벽지"라고 농담을 하곤 했어요. 존슨은 글래스 하우스에서는 주로 파티를 열었고, 잠은 근처에 있는 '브릭 하우스'에서 잤어요. 브릭 하우스는 벽이 있는 벽돌집이랍니다.

글래스 하우스

가지고 다니는 집

바퀴가 달린 작은 집인 캠핑카를 이용하면 먼 곳까지 편하게 여행할 수 있어요. 캠핑카보다 한 단계 더 고급스러운 건 이동식 주택이에요. 자동차 꽁무니에 매달고 다니기도 하지만, 한 곳에 세워 두고 사는 일이 많죠. 이동식 주택을 아예 집으로 삼아 살아가는 사람들이 전 세계에 꽤 많답니다. 이동식 주택이 벽돌집보다 훨씬 싸거든요.

이동식 주택

중국인 **리우 링차오**는 2008년에 직장에서 해고되자 고향으로 돌아가기로 했어요. 고향까지 가는 동안 대나무, 플라스틱, 침대보로 만든 휴대용 집에서 지내기로 했지요. 무게는 60킬로그램으로 집치고는 가벼웠지만 들고 다니기에는 꽤 무거웠지요. 리우는 마치 달팽이처럼 집을 지고 날마다 조금씩 움직였어요. 고향까지 가는데 무려 5년이나 걸렸답니다.

휴대용 집

플라스틱 우주선

요즘에는 플라스틱이 골칫거리이지만, 1960년대와 1970년대 사람들에게 플라스틱은 정말 환상적인 물질이었어요. 유행을 이끄는 건축가들에게도 이상적인 건축 재료였지요. 가벼운 데다가 생산하기도 쉬우니까요. 색깔과 크기도 자유자재로 만들 수 있고, 튼튼하기까지 하죠. 건축가들은 우주 시대의 영향도 받았어요. 이 무렵에 인류가 처음으로 달까지 사람을 보냈거든요.

새로운 재료 플라스틱과 시대의 분위기가 맞물려 우주선을 닮은 미래지향적인 주택이 탄생했어요. (휴가용) 플라스틱 주택은 매우 가벼워서 배, 헬리콥터, 또는 트럭에 실어서 풍경이 좋은 장소에 쉽게 가져다 놓을 수 있었어요. 그 모습은 숲이나 벌판 한가운데 착륙한 외계인의 우주선을 떠올리게 했지요. 플라스틱 주택 여러 채를 다양한 방식으로 연결하면 손쉽게 더 큰 건물을 만들 수도 있었답니다.

플라스틱 주택

어, 이거 뭐 닮지 않았니

일본 도시 교토의 평범한 주거 지역에는 눈길을 끄는 집이 한 채 있어요. 눈길을 끄는 눈이라고 할 수도 있겠네요. 유쾌해 보이는 이 집은 **가즈마사 야마시타**가 1974년에 설계한 '페이스 하우스' (얼굴 주택)예요. 칙칙한 교토 거리에 활기를 불어넣기 위해 만들었지요. 입은 집으로 들어가는 입구이고, 눈은 거실의 창문이에요. 코로 들어온 빛은 침실을 은은하게 밝혀 주지요.

페이스 하우스

사람들이 스코틀랜드에서 가장 이상하다고 여기는 건물은 '파인애플'이에요. 1761년에 던모어 백작이 여름 별장으로 지은 건물이지요. 그때에는 파인애플이 구하기가 매우 힘든 사치품이었어요. 던모어 백작은 버지니아 총독이기도 했어요. (버지니아는 지금은 미국의 한 주이지만, 그때는 영국의 식민지였어요.) 당시 버지니아에는 선원들이 긴 항해를 끝내고 돌아왔다는 표시로 집 앞 담장에 파인애플을 걸어 두는 풍습이 있었어요. 던모어 백작 **존 머리**도 영국으로 돌아왔을 때 장난삼아서 아주 커다랗고 영구적인 파인애플을 지은 거랍니다.

광고를 하기 위해 꼭 광고판을 세울 필요가 있을까요? 1948년에 '슈 하우스'를 지을 때 미국 제화공 **메일런 헤인스**도 틀림없이 이런 생각을 했을 거예요. 자신이 운영하는 신발 가게를 홍보하기 위해 거대한 신발 모양 건물을 지었거든요. 헤인스는 이 건물을 지을 때 이미 나이가 많았기 때문에 이곳에 살지는 못했어요. 지난 75년 동안, 이 거대한 신발은 세련된 호텔과 유명한 아이스크림 가게가 되었다가 지금은 렌트하우스가 되었어요. 미국 펜실베이니아주에 가서 이곳을 방문하고 싶다면 요크의 '슈 하우스 로드'가 어디인지 물어보세요. 아마, 못 찾기는 어려울 거예요.

파인애플 / 슈 하우스

도시에는 어떤 집이?

생활에 필요한 모든 것이 한곳에

제2차 세계대전 직후, 프랑스는 스위스 건축가 **르코르뷔지에**한테 많은 사람이 살 수 있는 건물을 지어 달라고 요청했어요. 르코르뷔지에는 한 건물에 도시의 모든 기능을 집어넣겠다고 마음먹었어요. 사람들이 서로 연결되어 있다고 느끼고 서로를 돌보며 건물도 함께 관리하기를 바란 거지요. 그 건물이 바로 마르세유에 지은 '유니테 다비타시옹'(주거 단위라는 뜻)이에요. 거주민들은 이 건물을 '빛나는 도시'라고 불렀어요. 12층인 이 건물에는 1,600명이 사는 주거 공간과 상점, 공용 옥상 테라스가 있어요. 70년이 지난 지금도 이 건물은 여전히 빛나고 있답니다. 아파트와 상점은 아직도 사용되고 있어요. 여행자들은 르코르뷔지에 호텔에 묵거나 건축가의 배라는 식당에서 밥을 먹을 수 있지요.

1950년대 무렵에 지구 반대편에도 거대한 복합 주거 건물이 지어졌어요. 미국 알래스카주 휘티어에 들어선 '베기치 타워'예요. 콘크리트로 지은 거대한 건물에는 아파트뿐만 아니라 슈퍼마켓, 빨래방, 병원, 경찰서, 우체국, 시청과 체육관까지 있답니다.

유니테 다비타시옹

베기치 타워

이보다 작은 집은 없다

홍콩은 물가가 엄청나게 비싼 도시예요. 이곳의 아파트 주인들은 비밀리에 아파트를 아주 작은 방들로 나눠요.

가난해서 넓은 아파트에 살 수 없는 사람들에게 그 방들을 빌려 주지요. 방이라기보다는 널빤지로 벽을 세운 상자에 가까워요. 어찌나 작은지 발을 뻗고 눕기도 어려울 지경이랍니다. 이런 '방'에 들여놓을 수 있는 건 매트리스 하나뿐이에요. 거주자들은 벽에 선반을 설치해 텔레비전이나 다른 물건들을 올려놓아요.

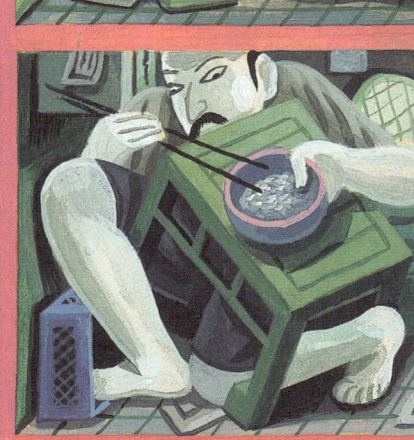

이런 방을 '관 집'이라고 불러요. 널빤지 네 개로 짠 관과 다를 게 없기 때문이지요. 그나마 넓은 집에는 가스레인지와 변기가 설치된 초소형 방이 딸려 있어요. 그마저 없는 집에 사는 사람들은 복도에 있는 부엌과 화장실을 동료 세입자들과 함께 사용해야 하지요.

홍콩 주민들 가운데 이런 집에 사는 사람들은 20만 명이 넘을 거예요.

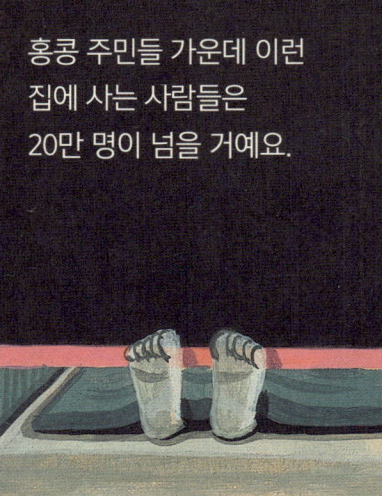

관 집

폴란드 수도 바르샤바에도 매우 좁은 집이 있어요. 세상에서 가장 좁다고 알려진 집이지요. 건축가 **야쿠프 슈쳉스니**는 큰 아파트 건물 두 채 사이의 좁은 공간에 무언가를 짓고 싶었어요. 결국 그곳에 집을 지었는데, 가장 좁은 곳은 너비가 72센티미터밖에 안 된답니다. 작은 텔레비전 화면 크기지요. 슈쳉스니는 이런 집에 누가 머물면 좋을지 고민했어요. 좁은 공간에 혼자서 머무는 것쯤 아무렇지도 않고 조용한 일을 하는 사람이면 좋겠죠? 작가가 바로 그런 사람이죠! 그래서 예술 작품 같은 이 집은 여행하는 작가들이 잠시 머물며 글을 쓰는 공간이 되었답니다. 이곳에 처음 머문 사람은 이스라엘 작가 에트가르 케레트였어요. 그 뒤로 이 집은 그 작가의 이름을 따서 '케레트 하우스'라고 불리게 되었지요.

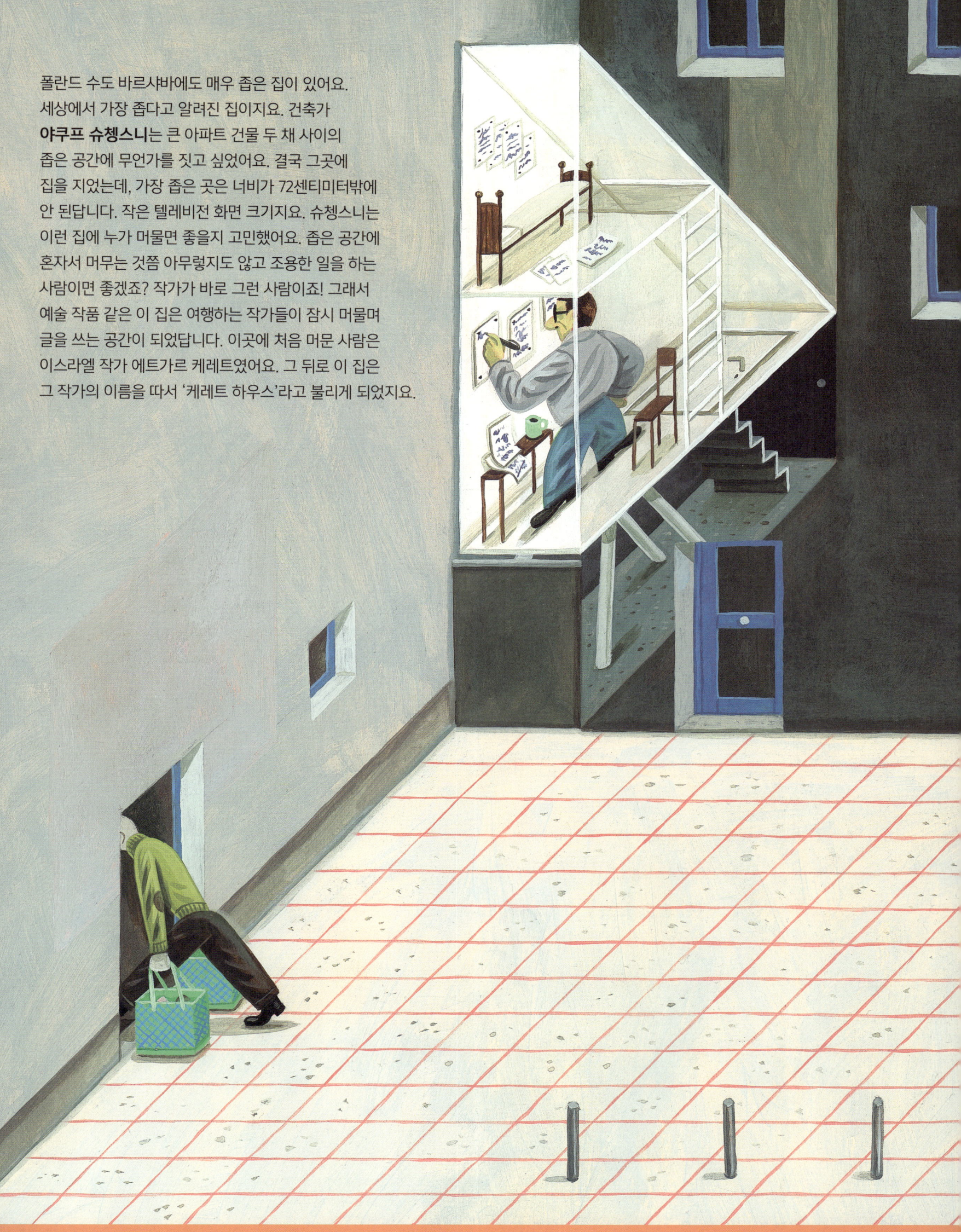

케레트 하우스

더 크게, 더 빠르게

1800년대부터 미국 도시 뉴욕은 빠르게 성장했어요. 새로 몰려드는 사람들과 회사들을 수용하기 위한 건물이 많이 지어졌어요. 소호 지구에는 바닥이 넓고 창문이 큰 대형 건물이 지어져 창고나 공장으로 사용되었어요. 건물 정면은 주철 장식물로 꾸몄어요. 주철이 싸고 설치하기 쉬웠기 때문이에요.

이런 건축 양식으로 지은 건물을 주철 건물이라고 불렀어요. 뉴욕은 더 커졌고 번창했어요. 사람들이 뉴욕을 '빅 애플'이라는 별명으로 부르기 시작했어요. 경마에서 가장 빠른 말에게 큰 사과를 상으로 주곤 했는데, 번창하는 도시 뉴욕에서 그만큼 큰돈을 벌 수 있다는 뜻이었지요.

너무 많은 사람이 몰려드는 바람에 일자리가 부족해졌고, 1950년대부터 회사들이 뉴욕을 떠나기 시작했어요. 도시는 점점 가난해졌고 범죄도 늘어났으며, 빈 건물이 늘어나고 동네는 허름해져 아무도 살고 싶지 않은 곳이 되었지요. 하지만 야심에 찬 예술가들의 생각은 달랐답니다.

예술가들은 오래된 창고로 이사해 넓은 공간을 작업실과 침실로 이용했어요. 1980년대부터 뉴욕의 사정도 좋아지기 시작했지요. 지금은 돈이 많은 사람들도 주철 건물에서 살려고 해요. 그러자 개발자들은 투박한 창고를 고급 아파트로 수리하고 깨끗하게 관리하게 되었어요.

주철 건물

오래된 건물, 새로운 거주자

사람들이 오래된 건물을 새로운 용도로 사용하는 일이 전 세계에서 벌어지고 있어요. 어떤 경우에는 긴급한 필요 때문에 이런 일이 벌어져요. 주인의 허락을 받지 않고 무작정 빈 건물에 들어가서 사는 거죠. 이런 행위를 무단 거주라고 해요. 세상에는 너무 가난해서 집도 절도 없이 거리를 헤매며 사는 사람들이 있어요. 이런 사람들이 무단 거주를 해요. 이들은 터널 안, 다리 아래, 심지어는 (사용되지 않는) 하수구를 피난처로 삼기도 합니다. 그런데 아름다운 건물이 그냥 버려지는 것이 안타까워 세심한 계획에 따라서 빈 건물을 탈바꿈시키는 일도 있어요.

무단 거주 건물

연기를 내뿜는 거대한 시멘트 공장 옆을 지나가면서, '여기서 살고 싶다!' 라고 생각하는 사람이 있을까요? 스페인 건축가 **리카르도 보필**이 1972년에 차를 몰고 지나가다가 바르셀로나 외곽의 시멘트 공장을 보고 바로 그런 생각을 했어요. 공장은 문을 닫은 상태였죠. 보필은 버려진 공장을 자기 집과 사무실로 바꾸기로 했어요. 도서관과 전시 공간도 마련하기로 했죠. 공장 일부를 철거하고, 남아 있는 부분의 계단, 바닥, 벽도 일부 제거한 다음에 풀과 나무가 무성한 정원을 만들었어요. 그 결과물이 '라 파브리카'(공장이라는 뜻)예요. 오래된 콘크리트와 초록빛이 어우러지는 아주 특별한 공간이지요. 보필은 2022년에 사망할 때까지 이곳에서 살면서 일했어요.

라 파브리카

도시로 가거나, 도시에서 벗어나거나

1800년대와 1900년대 사이에 영국 도시의 마을마다 작은 벽돌집이 빼곡하게 들어섰어요. 산업 혁명으로 기계로 만든 물건이 사람이 만든 물건보다 많아지던 때였지요. 도시에는 공장들이 세워졌고 공장에서 일하려는 사람들이 도시로 몰려들었어요.

몰려드는 사람들을 수용하기 위해서 '백투백 하우스'가 지어졌어요. 백투백 하우스는 옆쪽과 뒤쪽 벽이 다른 집과 붙어 있는 작은 집이에요. 앞쪽 벽에 난 창문으로만 신선한 공기가 드나들지요. 살기 불편하고 지저분해서 건강에 좋지 않았어요. 버밍엄에 가면 오래된 백투백 하우스가 줄지어 늘어선 모습을 볼 수 있어요. 지금은 박물관으로 사용되고 있답니다.

백투백 하우스

지금 스웨덴은 아주 잘살고 행복한 나라이지만, 150년 전에는 그렇지 않았어요. 매우 가난했고 실업자가 넘쳤으며 도시는 혼잡하고 더러웠지요. 많은 사람이 더 나은 미래를 꿈꾸며 미국으로 이민을 떠났어요. 1900년 무렵에 스웨덴 정부가 이런 상황을 개선하기 위해 나섰어요. 사람들이 돈을 빌려 시골에 (목조) 주택을 지을 수 있는 법도 이때 통과되었지요. 스웨덴이 가난하기는 해도 땅은 넓고 울창한 숲은 얼마든지 있었어요. 이때 지은 집들 가운데에는 어두운 붉은색으로 칠한 집이 많아요. 다른 곳에서는 쉽게 볼 수 없는 이 색깔을 '팔루 레드'라고 불러요. 팔룬이라는 도시의 구리 광산에서 나오는 폐기물로 이 색깔을 만들었기 때문이지요. 그때는 값이 싸서 '팔루 레드' 페인트를 사용한 거였는데, 지금은 스웨덴을 대표하는 색깔이 되었답니다.

스웨덴 시골집

예술이 된 집

칸과 면

700년 전부터 유럽 전 지역에서 목골조 주택이 지어졌어요. 나무로 뼈대를 세우고 그 사이사이를 흙 반죽으로 채운 것이 목골조 주택이에요. 이런 집의 표면은 몬드리안의 작품과 비슷해 보여요. 사실, 이건 우연이 아니랍니다. 세계적으로 유명한 화가 **피터르 몬드리안**이 네덜란드 도시 빈테를스베이크에 오래 살았는데, 바로 그곳에 목골조 주택이 많이 있었어요.

몬드리안이 참여했던 중요한 예술 운동인 '데 스틸'(신조형주의)은 깔끔한 선이 특징이에요. 신조형주의 작가들은 빨간색, 노란색, 파란색, 회색, 흰색과 검은색만 사용했지요.

목골조 주택

건축가이자 가구 제작자였던 **헤릿 리트벨트**도 데 스틸 운동에 참여했어요. 1924년에 예술가인 **트루스 슈뢰더**가 그에게 네덜란드 위트레흐트에 지을 집을 함께 설계하자고 제안했어요. 리트펠트가 기발한 아이디어를 냈지요. 그의 아이디어를 따라서 지은 리트펠트 슈뢰더 하우스의 꼭대기 층은 이동식 패널을 이용하여 확 트인 공간에서 방 세 개까지 자유롭게 변신할 수 있답니다.

두 사람이 집만 함께 지은 건 아니에요. 둘이 사랑에 빠지고 말았지요. 이미 결혼한 상태였던 리트벨트는 부인과 계속 살면서 1층을 작업실로 썼어요. 리트펠트는 30년 후 부인이 세상을 뜬 뒤에 슈뢰더와 함께 살았지요.

리트펠트 슈뢰더 하우스

집이 작품이 되다

때로는 평범한 집이 귀한 예술 작품으로 변신하기도 해요. 미국 화가 **잭슨 폴록**의 집이 바로 그런 경우랍니다. 그는 커다란 캔버스에 물감을 잔뜩 퍼부어 완성한 작품으로 유명해요. 폴록은 자기 작품을 가리켜 '공간에 포착한 기억'이나 '이미지에 사로잡힌 에너지와 운동'이라고 말했지요. 폴록의 아내는 미국 화가 **리 크래스너**로, 둘이 뉴욕의 스프링스에서 함께 살았어요. 폴록은 격렬하게 작품을 창조하려고, 정원 창고 바닥에 캔버스를 깔고는 그 위에 물감을 던지고, 붓고, 뿌렸어요. 폴록을 유명하게 만들어 준 이런 작품 양식을 '액션 페인팅'이라고 하지요. 물감이 캔버스 위에만 떨어지진 않았어요. 바닥과 벽에도 튀었죠. 그러다 보니 창고 자체가 거대한 폴록의 작품으로 변해 갔어요. 지금도 많은 이들이 이곳을 찾아 작품을 감상한답니다.

잭슨 폴록 스튜디오

미국 예술가 **고든 마타 클라크**도 집과 특별한 관계가 있어요. 그는 건축을 공부했지만, 건물을 설계한 적은 없어요. 대신에 곧 철거될 건물로 예술 작품을 창조했지요. 가장 널리 알려진 작품은 1974년에 만든 '쪼개진 집'이에요. 마타 클라크는 이 작품을 만들기 위해 미국 뉴저지주에 있던 오래된 집을 톱으로 잘라 반으로 가르고 기초를 망가뜨렸어요. 그 결과로 집 한쪽이 살짝 기울어졌고 갈라진 틈으로 들어온 햇빛이 집 안을 아름답게 비추는 멋진 작품이 탄생했답니다.

쪼개진 집

티루반나말라이

인도에서 영감을 받다

티루반나말라이는 인도 남부의 도시예요. 아루나찰레스와라 사원으로 유명한 곳이지요. 이 사원은 인도에서 가장 큰 힌두 사원 가운데 하나로 해마다 수많은 힌두교도와 여행자들이 찾아와요. 티루반나말라이를 찾는 사람들은 도착하자마자 그곳의 화려함에 깜짝 놀라요. 주택들이 눈에 확 띄고 색깔이 다채롭기 때문이지요. 특이한 형태와 생동감이 넘치는 색깔을 보고 열정적이고 진보적인 건축가가 이곳에서 일하고 있다고 생각할 수도 있겠지만, 아니랍니다. 약 100년 전에 이곳에 살던 가족들이 이 집들을 직접 설계하여 짓고 색을 칠했거든요. 단지 자기들이 좋아서 그렇게 한 거래요.

이탈리아 건축가이자 디자이너인 **에토레 소트사스**는 인도를 정말 좋아했어요. 1960년대에 처음으로 인도 전국을 여행한 뒤에 해마다 다시 찾을 정도였지요. 소트사스도 티루반나말라이를 방문했다가 그곳의 화려한 집들에 마음을 빼앗기고 말았어요. 이 도시는 소트사스가 1981년에 설립한 디자이너 그룹에 중요한 영감의 원천이 되었어요. '**멤피스 그룹**'이라 불리는 이들은 밝은 색깔, 특이한 형태, 장난스러운 패턴을 이용하여 눈에 확 띄는 온갖 디자인을 만들어 냈어요. 멤피스 가구는 전 세계에 알려져 찬사를 받았지만, 잘 팔리지는 않았어요. 1987년에 소트사스가 그룹에서 탈퇴했고, 얼마 지나지 않아 그룹도 해체되었지요. 그렇지만 멤피스 그룹은 80년대 스타일에 큰 발자취를 남겼어요. 1980년대를 되돌아보면 그들이 남긴 흔적을 떠올릴 수 밖에 없지요.

멤피스 그룹

거품 궁전

만약 여러분이 1975년에 헝가리 건축가 **언티 로버그**에게 주택 건축을 맡기려 했다면 수많은 특별 규칙을 따라야 했을 거예요. 예를 들어, 그는 자기가 지을 집이 어떤 모습이 될지, 그리고 건축 비용이 얼마나 들지 자기도 모른다고 말했어요. 그런데도 부유한 사업가가 프랑스 바위 언덕에 저택을 지어 달라고 요청했지요.

로버그는 직각보다는 둥글고 부드러운 형태를 좋아했어요. 그래야 사람, 아이디어, 감정이 자유롭게 움직일 수 있다고 봤거든요.

로버그는 종 모양의 활기차고 유쾌한 궁전을 설계했는데, 그게 바로 '팔레 뷸' (거품 궁전)이에요. 지난 30년 동안 이 집은 패션쇼, 사진 촬영, 뮤직비디오 촬영 장소로 쓰였어요. 2021년에 주인이 집을 약 5000억원에 내놓았어요. 정말 싸죠?

팔레 뷸

주택 단지

벽을 캔버스로

커다란 빈 벽은 장식(또는 홍보)을 하기에 좋은 공간이에요. 소련의 지도자들도 그렇게 생각했지요. 소련은 동유럽에서 중앙아시아까지 걸쳐 있는 거대한 나라였고, 1922년부터 1991년까지 존재했어요. 소련 사람들은 제2차 세계 대전이 끝난 뒤에 지독한 가난에 시달렸어요. 그 때문에 정부가 나서서 거대하고 값싼 주택 단지를 지었어요. 작은 아파트들을 모아 지은 거지요. 건물 벽은 주로 정부의 주장을 표현한 선전물로 장식되었어요. 소련에서는 시민들이 정부의 국가 운영에 대해 비판할 수 없었고 정부는 모든 일이 잘되고 있는 것처럼 굴었지요. 건물의 벽화와 모자이크는 소련이 얼마나 위대한지를 보여 주는 행복하고, 긍정적이고, 꿈같은 이미지들로 가득 찼어요. 아파트 건물뿐만 아니라 공장, 학교 정부 건물에도 이런 이미지들을 가득 그렸어요.

아프리카 국가인 부르키나파소에 매우 아름답기로 유명한 '티에벨레'라는 마을이 있어요. 이곳의 어도비 오두막들은 (햇빛에 말린 단단한 흙벽돌로 지은 집에 대해 말했던 거 기억나죠?) 손으로 그린 화려한 그림으로 장식되어 있어요. 이곳에 사는 카세나 부족에게는 오래된 전통이 있어요. 바로 여자들이 부족이 중요하게 여기는 이미지로 오두막을 장식하는 전통이지요. 예를 들어, 별과 달은 희망을 나타내고 화살은 방어를 상징해요. 악어, 거북, 뱀은 행운을 불러오고 질병과 재난을 몰아내는 동물이지요. 그림은 흰 석회석이나 유색 진흙 같은 천연 재료로 그려요. 그 위에 네레나무 열매로 만든 광택제를 바르죠. 그러면 그림이 강한 햇빛과 비에도 최소 4년은 너끈히 버틴답니다.

티에벨레 오두막

사랑 그리고 질투

아일랜드 디자이너이자 건축가인 **아일린 그레이**는 시대를 앞선 인물이었어요. 그레이는 건축이 남자들의 영역이었던 시절인 1878년에 태어났지만, 그런 분위기에 주눅 들지 않았어요. 예술학교에서 공부한 뒤에 파리로 가서 가구와 실내 장식 디자인에 뛰어들었어요. 1923년에는 동료 건축가인 **장 바도비치**와 사랑에 빠졌고, 연인을 위해 프랑스 남쪽 해안에 집을 한 채 짓기로 결심했어요. 그레이는 집을 "생물"이자 "인간의 연장선"이라고 여겼어요. 그렇게 탄생한 것이 'E-1027'이라는 로맨틱한 이름을 가진 날렵하고 현대적인 별장이지요.

E-1027

는 아일린(Eileen)의
첫 글자이며 숫자는 알파벳
글자의 순서를 나타내요.
10은 장(Jean)의 J,
2는 바도비치(Badovici)의
B, 7은 그레이(Gray)의 G를
가리키지요. 하지만 둘은
결국 헤어졌어요. 그레이는
E-1027에서 조금 떨어진
해안에 자신을 위한 집을
다시 짓고 거기에서 몇 년
동안 살았어요.

바도비치는 E-1027에 유명한 건축가 **르코르뷔지에**를
초대하기도 했어요. 르코르뷔지에는 질투를 느꼈는지
그곳을 개조하기로 마음먹었지요. 그는 (옷을 홀딱
벗은 채) 새하얀 벽에 크고 화려한 벽화를 그렸으며
그 건물을 사려고도 했어요. 사는 데 실패하자
근처에 스스로 목조 별장을 지었지요.
'카바농 드 바캉스'(휴가용 오두막)라 불리는 이 건물은
바다와 E-1027을 내려다보는 곳에 있답니다.

카바농 드 바캉스

세계 곳곳의 특별한

집을 찾아보세요.

구하기 쉬운 재료로 4-5

이글루 6
◆ 캐나다 & 그린란드

지오데식 돔 7
리처드 벅민스터 풀러
◆ 우즈 홀, 미국, 1953

메종 드 베르 8
베르나르트 베이부트 & 피에르 샤로
◆ 파리, 프랑스, 1928-1932

유리병 집 9
톰 켈리
◆ 리올라이트, 미국, 1905 & 엘와, 나이지리아

힐 하우스 10
찰스 레니 매킨토시 & 마거릿 맥도널드
◆ 헬렌스버러, 스코틀랜드, 1902-1903

힐 하우스 박스 11
카모디 그로크
◆ 헬렌스버러, 스코틀랜드, 2019

판 바센호버 하우스 12
줄리앙 람펜스
◆ 신트 마르턴스 라템, 벨기에, 1972-1974

콘크리트 배 13
◆ 네덜란드

통나무집 14
◆ 북아메리카 & 스칸디나비아

종이 통나무집 15
반 시게루
◆ 고베, 일본, 1995

흙벽돌 집 16
◆ 메소포타미아, 기원전 4000년경

벽돌 실험 주택 17
후고 알바르 헨리크 알토
◆ 무라트살로섬, 핀란드, 1952-1954

모양도 가지가지 18-19

수상 가옥 20
◆ 인레호, 미얀마

캔버스 주말 주택 21
알베르트 프라이 & 로런스 코커
◆ 노스포트, 미국, 1933-1934

사춘기 오두막 22
◆ 캄보디아

펜트하우스 23
◆ 뉴욕, 미국

벌집 주택 24
◆ 카메룬, 시리아, 튀르키예

메종 베를리 25
앙리 무에트 & 피에르 세케이
◆ 세부르, 프랑스, 1971-1972

사모아의 팔레 26
◆ 사모아

글래스 하우스 27
필립 존슨
◆ 뉴케이넌, 미국, 1949

이동식 주택 28
◆ 전 세계

휴대용 집 29
리우 링차오
◆ 중국, 2008

플라스틱 주택 30-31
◆ 전 세계
위: 미래 주택, 마티 수로넨, 1968
DO-건축시스템, J.C. 펜탈론 & A. 스클레나르, 1971
아래: 공 주택, 요한 W. 루도비치, 1958
플라스틱 모듈러 주택, 와이트 플라스틱사, 1971
육각큐브, G. 칸딜리스 & A. 블롬스테트, 1972
플라스틱 주택 12E, 아틀리에 4, 1971

페이스 하우스 32
가즈마사 야마시타
◆ 교토, 일본, 1974

파인애플 33
존 머리
◆ 에어스, 스코틀랜드, 1761

슈 하우스 33
메일런 헤인스
◆ 헬럼 타운십, 미국, 1948

도시에는 어떤 집이?   34-35

유니테 다비타시옹   36
르코르뷔지에
◆ 마르세유, 프랑스, 1947-1952

베기치 타워   37
◆ 휘티어, 미국, 1953-1957

관 집   38
◆ 홍콩

케레트 하우스   39
야쿠프 슈쳉스니
◆ 바르샤바, 폴란드, 2012

주철 건물   40-41
◆ 뉴욕, 미국

무단 거주 건물   42

라 파브리카   43
리카르도 보필
◆ 바르셀로나, 스페인, 1973-1975

백투백 하우스   44
◆ 잉글랜드, 19세기

스웨덴 시골집   45
◆ 스웨덴

예술이 된 집   46-47

목골조 주택   48
◆ 유럽, 14세기

리트펠트 슈뢰더 하우스   49
헤릿 리트펠트 & 트뤼스 슈뢰더
◆ 위트레흐트, 네덜란드, 1924

잭슨 폴록 스튜디오   50
◆ 스프링스, 미국, 1946

쪼개진 집   51
고든 마타 클라크
◆ 엥글우드, 미국, 1974

티루반나말라이   52
◆ 티루반나말라이, 인도

멤피스 그룹   53
에토레 소트사스 외

팔레 뷸   54-55
언티 로버그
◆ 테울-쉬르-메르, 프랑스, 1975-1989

주택 단지   56
◆ 소련

티에벨레 오두막   57
◆ 티에벨레, 부르키나파소

E-1027   58
아일린 그레이
◆ 로크브륀-캅-마르탱, 프랑스, 1926-1929

카바농 드 바캉스   59
르코르뷔지에
◆ 로크브륀-캅-마르탱, 프랑스, 1951

세계 곳곳의 특별한 집을 찾아보세요.   60-61

| 너머학교 역사 그림책 시리즈 |

아마존에서 조선까지 고무 따라 역사 여행
최재인 글 | 이광익 그림

조선에서 파리까지 편지 따라 역사 여행
조현범 글 | 강전희 그림

식탁에서 약국까지 설탕 따라 역사 여행
김곰 글 | 김소영 그림

하늘로 날아
샐리 덩 글·그림 | 허미경 옮김

세종로 1번지 경복궁 역사 여행
장지연 글 | 여미경 그림

망치질하는 어머니들 깡깡이마을 역사 여행
박진명 글 | 김민정 그림

한강에 살아요
장지연 글 | 전지 그림

시간의 지도 정말 아름다운 세계사
톰마소 마이오렐리 글 | 카를라 마네아 그림 | 주효숙 옮김

색의 지도 빛, 안료, 그리고 아름다운 시선
톰마소 마이오렐리 글 | 카를라 마네아 그림 | 주효숙 옮김

어린이 의학도를 위한 놀라운 의학사
브라이오니 허드슨 글 | 닉 테일러 그림 | 신동경 옮김

| 너머학교 톡톡 지식그림책 시리즈 |

1 타다, 아폴로 11호
브라이언 플로카 글·그림 | 이강환 옮김

2 증기기관차 대륙을 달리다
브라이언 플로카 글·그림 | 유만선 옮김

3 밤하늘을 봐!
제이컵 크레이머 글 | 스테파니 숄츠 그림 | 하미나 옮김

4 얼음이 바사삭 그림 사전
레나 회베리 글·그림 | 신동경 옮김

5 손은 똑똑해
마그다 가르굴라코바 글 | 비체츠슬라프 메츠네르 그림 | 신동경 옮김

6 똑똑한 기계들 사이에서
코시코사 글 | 안나 세이사스 그림 | 임수진 옮김

7 백신은 똑똑해
마르크 판란스트·헤이르트 바우카에르트 글 | 카탕카 판데르산더 그림 | 신동경 옮김

8 플라잉메이저호의 세계 일주 하늘 여행
고마야스칸 글·그림 | 최진선 옮김

9 유전자는 왜 그럴까?
카를라 해프너 글 | 미케 샤이어 그림 | 신동경 옮김

10 알이 데굴데굴 그림 사전
레나 회베리 글·그림 | 신동경 옮김

11 심장이 쿵! 쿵! 그림 사전
레나 회베리 글·그림 | 신동규 옮김

12 미로, 지하철, 벙커까지 세계 터널 탐험
키코 산체스 글·그림 | 임수진 옮김

13 집으로 가득찬 책
율리 더 흐라프 글 | 피터르 판 에이노허 그림 | 신동경 옮김

14 관찰, 분해, 재사용 (가제·근간)
로베르타 바르차기·에마누엘레 브레베리예리 글 | 줄리아 베르나르델리 사진 | 주효숙 옮김

| 자연은 우리의 집 시리즈 |

1 우리는 아침으로 햇빛을 먹어요
마이클 홀랜드 글 | 필립 조르다노 그림 | 하미나 옮김

2 지구를 위한 발명 이야기
캐서린 바·스티브 윌리엄스 글 | 에이미 허즈번드 그림 | 신동경 옮김

3 곤충으로 아침을
매들린 핀레이 글 | 최지수 그림 | 신동경 옮김

4 우리 집을 정글로
마이클 홀랜드 글 | 필립 조르다노 그림 | 신동경 옮김